REVUE
DE
L'AGENAIS

BULLETIN DE LA SOCIÉTÉ
DES SCIENCES, LETTRES ET ARTS

(Publié avec le concours
de la Direction Générale des Arts et des Lettres)

Table décennale et méthodique

1890 - 1899

AGEN
Société des Sciences, Lettres et Arts
9, Boulevard de la République, 9

Imp. J. Owen - Nérac
45, Allées d'Albret, Nérac (L.-et-G.)
Le Directeur-Gérant : Maurice LUXEMBOURG

1967

SOMMAIRE

1

SCIENCES

Le magistrat de Romas. Leçon inaugurale du cours libre d'Electrothérapie, professé par le Dr Foveau de Courmelles à l'Ecole Pratique de la Faculté de Médecine de Paris (1896, p. 547).

Notes inédites de Peiresc sur quelques points d'Histoire naturelle. Deux jardiniers émérites : Peiresc et Vespasien Robin, par Ph. Tamizey de Larroque (1897, p. 70). C.R. de Ph. Lauzun.

Révision de la flore agenaise suivie de la flore du Lot-et-Garonne, par J.-O. Debeaux. C.R. de G. Tholin (1898, p. 91).

2

GEOGRAPHIE - VOYAGES

Impressions, études et souvenirs, par G. Tholin. C.R. de Tamizey de Larroque (1891, p. 79).

Histoire du dessèchement des lacs et marais en France avant 1789, par M. le Comte de Dienne. C.R. de Tamizey de Larroque (1891, p. 242).

Etapes archéologiques en Italie, par J. Momméja (1893, pp. 331, 421, 495 ; 1894, pp. 306, 407, 516 ; 1895, pp. 32, 369, 414 ; 1896, pp. 152, 211 ; 1897, pp. 122, 234).

Les Pères bénédictins de Moyrax au XVIIe siècle. Leurs travaux pour la culture de la vigne dans la juridiction de Layrac, par l'Abbé P. Dubourg, « Monographie de Layrac » (1895, p. 247).

Les maisons d'Henri IV dans les landes de Gascogne et d'Albret, par Alexandre Nicolaï (ouvrage intéressant parfois pour l'habitat rural). C.R. de Francisque Habasque (1896, p. 182).

La Rome des Papes sous le Pontificat de Léon XIII, par Boyer d'Agen. C.R. de J. Momméja (1896, p. 186).

Une lettre d'A. Bartayrès à M. Truaut, de Lavardac, au sujet d'un projet de voyage d'étude dans les Landes. Document inédit cité par Ph. Tamizey de Larroque (1896, p. 443).

L'Agriculture du Sud-Ouest et le Concours régional d'Agen en 1896. C.R. de L. Bruguière (1896, p. 496 ; 1897, pp. 14, 130).

A propos de l'embouchure de l'Avance. Question de Camille Jullian (1897, p. 157). Réponse de M. Nicolaï (p. 266).

Heures égyptiennes de Jean Rodes. Note de G. Tholin (1898, p. 562).

Concordia. Lettre d'Emile Gaussen à G. Tholin sur la situation en Argentine en 1886 (1899, p. 262). Etude fort précieuse pour les débuts de la mise en valeur de l'Argentine, pour la société, les mœurs.

Deux relâches, par J. de la Jaline (1899 ; Djibouti, p. 313 ; Colombo, p. 410).

3

CONGRES - SOCIETES SAVANTES - EXCURSIONS DE LA SOCIETE PRESENTATION DE LA REVUE

La Rédaction de la Revue annonce son intention de publier désormais des illustrations dont les planches sortiront des ateliers de M. Bellotti, photograveur à Saint-Etienne (1896, p. 3). — Excursion de la Société Archéologique du Tarn-et-Garonne au Pays d'Albret et dans le Condomois (Vianne, Montgaillard, Xaintrailles, Durance et Prieuré de La Grange, Barbaste, Nérac). C.R. de Ph. Lauzun (1896, p. 454).

4

PHILOLOGIE, TOPONYMIE, NOMS DE RUES

Fragments philologiques, par A.D. (t. II et III). C.R. de Ad. Magen (1890, p. 184).

La littérature orale des Landes d'Albret, par Léopold Dardy (1891, p. 127). Article intéressant pour la philologie gasconne.

Appendice à l'histoire de Cancon et de ses seigneurs, par Lucien Massip (1891, p. 397). Cet appendice est, en réalité, un bref dictionnaire toponymique gascon de la région de Cancon.

Les Ibères, par Jean-François Bladé (1892, p. 181).

Les Nitiobriges, par Jean-François Bladé (1893, p. 97). On trouvera dans cet article des renseignements qui ne sont pas sans intérêt pour les origines d'Agen notamment.

Les Tolosates et les Bituriges Vivisci, par Jean-François Bladé (1893, p. 398). Les conclusions de l'auteur ne laissent pas d'être sujettes à caution en ce qui concerne l'identification notamment des lieux dits de l'Itinéraire d'Antonin ou de la Carte de Peutinger.

Les reliques notables de Saint Louis, Roi, à La Montjoie de Saint-Louis, par Jean-Baptiste Durey de Longa. C.R. de G. Tholin (1894, p. 459). On trouvera dans ce compte rendu une analyse critique intéressante concernant l'origine de ce toponyme Monjoie, Mons Gaudii.

Manuel élémentaire de linguistique pour l'enseignement du français par les idiomes locaux. Application au sous-dialecte agenais, par M. P. Emile Boudon, instituteur public. C.R. de J. Andrieu (1894, p. 463).

Causeries sur les origines de l'Agenais, par G. Tholin. On trouvera dans cet article des renseignements intéressant la toponymie de l'Agenais (1895, p. 150).

Noms nouveaux donnés à quelques communes de Lot-et-Garonne sous la Révolution. (Il s'agit de Caumont, Damazan, Port-Sainte-Marie, Saint-Barthélémy, Sainte-Bazeille, Saint-Gervais, Saint-Maurice, Saint-Pierre-de-Buzet, Tonneins, Tournon.) Ouvrage de R. de Figuères. C.R. de G. Tholin (1895, p. 380).

L'inscription de Hautefage d'après M. R. Mowat et A. Allmer, par G. Tholin (1895, p. 540). Notes intéressantes pour l'origine d'Agen.

Causeries sur les origines de l'Agenais, par G. Tholin. Le chapitre V intéresse la toponymie de l'Agenais (1896, p. 138).

La question des Sotiates, par G. Tholin (1896, p. 264).

Cassinogilum et M. Jullian. Note critique de Tamizey de Larroque (1896, p. 561).

5

ARCHIVES, TEXTES ET DOCUMENTS. CLASSEMENT ET DEFENSE DES MONUMENTS HISTORIQUES

Abrégé chronologique des Antiquités d'Agen, par J. Labrunie (1890, p. 318).

L'Agenais dans le tome IV du catalogue des Actes de François 1er (1892, p. 270).

Histoire générale du Languedoc avec notes et pièces justificatives, par Dom Cl. Devic et Dom J. Vaissette, tomes XI et XII. C.R. de Ad. Magen (1892, p. 354).

Archives Historiques de la Gironde. C.R. de G. Tholin. Tome XXVII (1893, p. 471). Tome XXIX (1895, p. 88). Tome XXXI (1897, p. 189).

L'inventaire des Archives de la Ville d'Agen en 1738, par Ph. Tamizey de Larroque. Petites notes agenaises (1894, p. 448).

L'Agenais dans l'inventaire des arrêts du Conseil d'Etat, présenté par Ph. Tamizey de Larroque (1895, p. 529).

Les actes de l'état civil de la commune de Sérignac (canton de

Puy-l'Evêque, Lot), du 1er janvier 1789 au 31 décembre 1888, par Eugène Vigouroux (1896, pp. 325, 431).

Les institutions politiques et administratives du pays de Languedoc, du XIIIe siècle aux Guerres de Religion, par P. Dognon. C.R. de B. Paumès (1897, p. 167).

Inventaire sommaire des Registres de la Jurade de Bordeaux (1520-1783), publié et annoté par Dast le Vacher de Boisville. C.R. de Francisque Habasque (1897, p. 177).

Archives historiques de la Gascogne (2e série, fasc. 2). Documents pontificaux sur la Gascogne, d'après les Archives du Vatican. Pontificat de Jean XXII (1316-1334), par l'Abbé Louis Guérard. C.R. de G. Tholin (1897, p. 191).

Bibliothèque de l'Ecole des Chartes, année 1897. On y trouvera « les comptes de l'Agenois de l'an 1300 et de l'an 1337 et 1351. C.R. de G. Tholin (1897, p. 479).

G. Tholin signale l'acquisition par Léopold Delisle, pour la Bibliothèque Nationale, de six registres de comptes du trésorier des Guerres du temps de Philippe de Valois (deux concernent la Gascogne) (1897, p. 480).

Un faux diplôme carolingien attribué, tantôt à Louis le Débonnaire et tantôt à Louis le Bègue, concernant l'abbaye de Dèvre, pres Vierzon, par J. Soyer. C.R. de G. Tholin (1898, p. 90).

NUMISMATIQUE - SPHRAGISTIQUE

Le sceau de Jeanne Plantagenêt, reine de Sicile et comtesse de Toulouse, par Sir John Evans, traduit et annoté par J. Momméja (1897, p. 382).

Les sceaux et les armoiries des villes de l'Agenais, par G. Tholin (1899, p. 193).

Les triens agenais et le monétaire Doddolo, par J. Momméja (1899, p. 511).

Les ateliers monétaires mérovingiens de la région agenaise, par G. Tholin (1899, p. 515).

A propos du triens canechoris, par Lucien Massip (1899, p. 518).

6

PREHISTOIRE, SPELEOLOGIE, ARCHEOLOGIE ANTIQUE ET MEDIEVALE

Les inscriptions des Lactorates, « Revue de Gascogne », novembre 1892 (1892, p. 451).

Causeries sur les origines de l'Agenais, par G. Tholin. 1895 : Ages du bronze et du fer et Période gauloise (p. 150). Epoque gallo-romaine, Religions (p. 433). Les voies romaines (p. 516). — 1896 : Les voies romaines (suite) (p. 40). Villes, villas et centres de défrichement à l'époque gallo-romaine (p. 138).

L'inscription de Hautefage d'après M. R. Mowat et Allmer. C.R. de G. Tholin (1895, p. 540).

L'oppidum des Sotiates d'après M. Camoreyt et M. l'Abbé Breuils. Analyse critique très intéressante de G. Tholin des deux thèses en présence, celle de Camoreyt pour Lectoure, celle de Breuils pour Sos (1896, p. 57).

Le temple gallo-romain d'Eysses (Villeneuve-sur-Lot), par G. Tholin (1896, p. 97).

Etude d'ethnographie préhistorique. Les plantes cultivées de la période de transition au Mas-d'Azil, par E. Piette. C.R. de G. Tholin (1896, p. 383).

Note sur l'église de Saint-Côme. Fouilles de septembre 1896, par Alexandre Nicolaï (1896, p. 526).

Inventaire général des piles gallo-romaines du Sud-Ouest de la France et plus particulièrement du département du Gers, par M. Philippe Lauzun. C.R. de G. Tholin (1898, p. 557).

Note sur un bas-relief antique découvert à Agen, par J. Momméja (1899, p. 289).

Découverte de deux cromlechs. Note de G. Tholin et lettre de M. Arqué, instituteur à Sauveterre-la-Lémance (1899, p. 375).

7

HISTOIRE POLITIQUE, ADMINISTRATIVE, SOCIALE, ECONOMIQUE

A) PERIODE ANTIQUE ET MEDIEVALE :

Les Vascons avant leur établissement en Novempopulanie, par J.-F. Bladé (1890, p. 469 ; 1891, p. 81).

La cité de Bigorre, Civitas Turba, ubi castrum Bigorra, par MM. Rosapelly et X. de Cardaillac. C.R. de Ad. Magen (1891, p. 157).

La Charte d'Alaon, par J.-F. Bladé (1891, p. 286).

Encore un Evêque d'Agen inconnu jusqu'à nos jours. Note critique sur le premier Concile de Clichy (628), par Mgr Hébrard. C.R. de A. Lavergne (1892, p. 95).

Les Ibères, par Jean-François Bladé (1892, p. 181).

Les Nitiobriges, par J.-F. Bladé (1893, p. 97,.

Les Romains à table, par L. Bordes (1893, p. 209).

Les Tolosates et les Bituriges Vivisci, par J.-F. Bladé (1893, p. 398).

Histoire des Celtes et particulièrement des Gaulois et des Germains, depuis les temps fabuleux jusqu'à la prise de Rome par les Gaulois, par Simon Pelloutier. Bibl. C.R. de G. Clément Simon (1894, p. 150).

D'une indemnité accordée à un Agenais (Pierre Costa) du XIVe siècle. Petites notes agenaises de Ph. Tamizey de Larroque (1894, p. 446).

Géographie politique du Sud-Ouest de la Gaule franque au temps des Rois d'Aquitaine, par Jean-François Bladé (1895, pp. 47, 114, 192).

Correspondance administrative d'Alphonse de Poitiers, par Auguste Molinier (tome I). Il y a là une trentaine de chartes intéressant l'Agenais. C.R. de G. Tholin (1895, p. 86).

Archives Historiques de la Gironde. C.R. de G. Tholin. Plusieurs tomes intéressent l'Histoire de l'Agenais : Tome XXIX, 1895, p. 88 (Comptes de la communauté de Montréal, 1411-1414, Testament de Clément V, etc.). — Tome XXXI, 1897, p. 189 (Statuts municipaux de Caudecoste, Liste chronologique des principaux événements concernant la Sénéchaussée d'Agen de 1425 à 1439).

Les Comtes carolingiens de Bigorre et les premiers Rois de Navarre, par Jean-François Bladé (1895, pp. 326, 400, 482 ; 1896, pp. 16, 308, 418 ; 1897, pp. 34, 201, 313).

Saint-Austinde, Archevêque d'Auch (1000-1068) et la Gascogne au XIe siècle, par l'Abbé A. Breuils. C.R. de l'Abbé Durengues (1896, p. 84).

Les rôles gascons, transcrits et publiés par Ch. Bémont. Supplément au tome 1er (1254(1255). C.R. de G. Tholin (1896, p. 286).

Les routiers de Castelculier. Note de Ph. Tamizey de Larroque au sujet d'une taxe créée en 1394 et frappant les populations méridionales (1896, p. 446).

Le Mas-d'Agenais sous la domination romaine et le cimetière

gallo-romain de Saint-Martin, par Alexandre Nicolaï. C.R. de G. Tholin (1896, p. 471). Antiquités de Caumont, Samazan, Argenton. Note additionnelle aux recherches sur le cimetière gallo-romain de Saint-Martin-de-Lesque (p. 534).

Notes sur la féodalité en Agenais au milieu du XIIIe siècle. Personnel féodal, redevances féodales, châteaux-forts, par G. Tholin (1896, p. 536 ; 1897, pp. 47, 144, 257 ; 1898, p. 170 ; 1899, pp. 62, 173).

Archives Historiques de la Gascogne, 2e série, 2e fasc. (1897, p. 191). C.R. de G. Tholin. Volume qui montre, à la suite de l'enquête de 1311, l'anarchie qui régnait en Agenais au début du XIVe siècle, et les efforts du Pape Jean XXII pour pacifier le pays).

Comptes des Consuls de Montréal-du-Gers (1411-1450), publiés par l'Abbé Breuils et M. J. Gardère. C.R. de A. Lavergne (1897, p. 377).

L'Evêché des Gascons, par J.-F. Bladé (1897, p. 496 ; 1898, p. 159).

Deux épisodes de l'histoire de l'Agenais pendant la Guerre de Cent Ans, par Henri Courteault. C.R. de G. Tholin (1898, p. 489).

L'état social de la France au temps des Croisades, par L. Garreau. C.R. de l'Abbé Durengues qui signale comme excellents les chapitres suivants : VII, La Royauté féodale ; XIV, Les Communes (1899, p. 186).

B) TEMPS MODERNES (de la Renaissance à la veille de la Révolution) :

La ville d'Agen pendant les guerres de religion du XVIe siècle (suite), par G. Tholin (1890, pp. 97, 281, 488 ; 1891, pp. 57, 225 ; 1892, pp. 22, 118 ; 1893, pp. 52, 177).

Une cruelle Villeneuvoise d'autrefois, par Ph. Tamizey de Larroque (1890, p. 269).

Mémoire de M. d'Orgemont sur les Manufactures et le commerce de l'Agenais et du Condomois (1762), par A. Communay (1890, p. 377 ; 1891, pp. 28, 115).

Requête présentée au Maréchal d'Albret, gouverneur de Guyenne, par Bernard Larrival, paysan, lequel avait été roué de coups par le greffier d'Agen Huchard. Document inédit publié par Ph. Tamizey de Larroque (1890, p. 438).

Placet au Roi Louis XV par les habitants et consuls de Tonneins-Dessous. Document publié par Ph. Tamizey de Larroque (1890, p. 441). Ce placet concerne la répartition injuste du vingtième.

Un cercle à Agen au XVIIIe siècle, par F. Habasque (1891, p. 96).

Une lettre du Maréchal Duc de Mouchy aux commissaires du Bureau de Charité à Agen, publiée par Tamizey de Larroque (1891, p. 153).

Livre de raison de la famille Dudrot de Capdebosc (1522-1675), par Ph. Tamizey de Larroque. C.R. de Ch. de Ribbe (1891, p. 447).

Comment fut reçue à Agen la première édition des Commentaires de Monluc, par G. Tholin (1891, p. 538).

Un héros ignoré : le soldat La Pierre, d'Unet, par Ph. Tamizey de Larroque (1891, p. 540). C.R. de Léonce Couture. Ce soldat sauva en 1627, devant La Rochelle, l'armée royale en portant les dépêches à la nage).

Le Refuge ou la Maison du Bon Pasteur à Agen, par Ph. Lauzun (1892, pp. 5, 96).

Les religionnaires d'Agenais émigrés en 1685, par Ch. Baradat (1892, p. 321).

Une visite épiscopale à Saint-Jean-de-Luz sous Louis XIV, par Francisque Habasque (1892, p. 470).

Journal agenais des Malebaysse (1617-1657 et 1729-1777) (1893, pp. 68, 238, 441, 524 ; 1894, p. 268 ; 1895, pp. 64, 451 ; 1897, pp. 353, 451 ; 1898, pp. 179, 531 ; 1899, pp. 50, 161, 232).

Le Château de la Serre et le Comte d'Egmont, par Ph. Lauzun (1893, p. 84).

Documents sur le théâtre à Agen de 1585 à 1788. Avant-propos de Francisque Habasque (1893, p. 141).

Deux livres de raison de l'Agenais, suivis d'extraits d'autres registres domestiques et d'une liste récapitulative des livres de raison publiés ou inédits, par Ph. Tamizey de Larroque. C.R. de G. Tholin (1893, p. 271).

Les prébendes de l'Abbé de Bellile de Jaubert (1752-75), par P. Hébrard (1894, pp. 97, 193, 333).

Une lettre inédite de Claude Gélas, Evêque d'Agen, publiée par Tamizey de Larroque (1894, pp. 280, 442).

L'église d'Agen sous l'Ancien Régime. Pouillé historique du diocèse d'Agen pour l'année 1789, par l'Abbé Durengues. C.R. bibl. de G. Tholin (1894, p. 285).

Le premier livre imprimé à Agen. Recherches sur la vie et les travaux du premier imprimeur agenais (Antoine Rebol ou Reboulh), par A. Claudin (1894, p. 289).

Les Gascons dans les armées françaises. Notices historiques sur les régiments d'infanterie levés en France de 1561 à la paix de Vervins, par A. Communay (1894, pp. 379, 491 ; 1895, pp. 164, 229).

Petites notes agenaises par Ph. Tamizey de Larroque: Un petit roman agenais en 1777, Les deux centenaires de Tourtrès en 1774, Un pasteur d'Agen, M. Barthélémy, retrouvé (1894, p. 446).

La misère dans l'Agenais en 1774, par A. Durengues (1894, p. 25 ; 1895, pp. 126, 214).

Guillaume du Vair à Tonneins... après sa mort. Note de Ph. Tamisey de Larroque (1895, p. 83).

La campagne de Charles VII en Gascogne. Une conspiration du Dauphin en 1446, par M. A. Breuils. Extrait de la « Revue des Questions Historiques » (janvier 1895). C.R. de G. Tholin (1895, p. 90).

Les origines de l'Imprimerie à La Réole, en Guyenne (1517). Recherches sur la vie et les travaux de Jean Le More, dit Maurus, de Coutances, imprimeur et professeur de grammaire (1507-1550), par A. Claudin. C.R. de J. Andrieu (1895, p. 92).

L'expédition maritime de Peyrot de Monluc en 1566, par J. Andrieu (1895, p. 105).

Une lettre d'Achille de Harlay à l'Evêque d'Agen, Claude Joly. C.R. de Ph. Tamizey de Larroque (1895, p. 163).

Les examens au XVIIe siècle, par Louis Audiat, « Revue de Saintonge et d'Aunis » (1er mars 1895). C.R. de J. Andrieu (1895, p. 191).

Essai biographique sur Guillaume-Léonard de Bellecombe, par H. de Bellecombe (1895, pp. 289, 385, 492 ; 1896, pp. 115, 230, 381).

Le siège de Clairac (1621) dans deux thèses de doctorat, par Ph. Tamizey de Larroque (1895, p. 347).

Un placard agenais au sujet de la peste de 1628. Communiqué par l'Abbé Dubois et présenté par Ph. Tamizey de Larroque (1895, p. 472).

Une expédition française à l'Ile de Madère en 1566, par Ed. Falgairolle. C.R. de Tamizey de Larroque (1895, p. 474).

Un acte de 1679 relatif à une plantation de vigne près de Lavardac, publié par Tamizey de Larroque (1895, p. 538).

Le Château de Nérac, par Ph. Lauzun (1896, p. 7). Article qui intéresse non seulement l'architecture mais aussi la vie du château au XVIe siècle.

Quatre harangues prononcées à Nérac au XVIIe siècle pour la réception du Cardinal de Richelieu et de divers autres grands personnages, par J. Dubois (1896, p. 126).

Livre de raison de Jean de Lorman, présenté par G. Tholin (1896, pp. 167, 276). On y trouvera des détails sur l'inondation de la Garonne en 1618.

Testament de Jean Gayau, imprimeur et libraire d'Agen (1672), par Ph. Tamizey de Larroque (1896, p. 259).

Le droit de chasse en Gascogne et les ordonnances du Duc d'Epernon, par P. Tierny (1896, p. 355).

Le Maréchal de Biron et la prise de Gontaud en 1580, par Ph. Tamizey de Larroque (1896, p. 485 ; 1897, p. 5).

Jeanne d'Albret et la guerre civile, par le Baron de Ruble. C.R. de G. Tholin (1897, p. 93).

Vie de Mgr Hébert, Evêque, Comte d'Agen, par A. Durengues (1897, pp. 97, 219, 296, 414, 515 ; 1898, pp. 60, 129, 251).

La société bordelaise sous Louis XV et le salon de Mme Duplessy, par A. Grellet-Dumazeau. C.R. de Fr. Habasque (1897, p. 179).

Le livre de main des du Pouget (1522-1598). C.R. de G. Tholin (1897, p. 186).

Note sur les mémoires de du Cauze de Nazelles, par Tamizey de Larroque (1897, p. 448).

Nouvelles des affaires de France (septembre-octobre 1519). Manuscrit de M. Paul Huet (1897, p. 532).

Marguerite d'Angoulême à Cauterets. C.R. par Ph. Tamizey de Larroque de l'ouvrage de Félix Frank sur le « Dernier voyage de la reine de Navarre, Marguerite d'Angoulême, sœur de François Ier, avec sa fille Jeanne d'Albret, aux bains de Cauterets... » (1897, p. 558).

Notes sur les imprimeurs agenais : R. Fumadères et J. Laplace, par Ph. Tamizey de Larroque (1898, p. 86).

Lettre du Roi Henry de Navarre à M. de Lézignan, avant son avènement au trône de France. Communiquée par M. Chaux (1898, p. 89).

La chasse aux sorcières dans le Labourd (1609), par J. Bernou. C.R. de G. Tholin (1898, p. 93).

Le procès de Messire François de Fumel (1624-1632), par J. Dubois (1898, p. 147).

L'invasion de l'armée des Princes en Agenais (fin novembre 1569-janvier 1570), par Paul Courteault (1898, pp. 234, 461).

Itinéraire raisonné de Marguerite de Valois en Gascogne (1578-1586), par Ph. Lauzun (1898, p. 440 ; 1899, pp. 212, 342, 403, 520).

Ordre pour la surprise d'Agen par le sieur de Saint-Chamarand, sénéchal d'Agenais. Ordre pour l'exécution d'Agen. Document communiqué par M. Adrien Blanchet (1899, p. 79).

Un père de vingt-huit enfants sous Louis XV. Document communiqué par M. E. Roumat (1899, p. 82).

Lettre d'un cadet de Gascogne. Document tiré des archives du château de Xaintrailles, communiqué par l'Abbé J. Dubois (1899, p. 84).

Douze lettres inédites de Blaise de Monluc, publiées par P. Courteault. C.R. de G. Tholin (1899, p. 86).

Liste des gouverneurs, lieutenants généraux et lieutenants du Roi en Guienne, par Dast le Vacher de Boisville. C.R. de G. Tholin (1899, p. 96).

Une circulaire au clergé d'Agenais après 1685, publiée par le Dr Couyba (1899, p. 226).

Nouvelle de l'assassinat d'Henri IV. Lettre de Denis Ricault, avocat en Parlement, à noble de Melon, escuyer, seigneur de Maucan, à Maucan (1899, p. 272).

Deux lettres inédites du Roi de Navarre, par G. Tholin (1899, p. 471).

Jules Mascaron, Evêque d'Agen. Une visite à Casseneuil (1899, p. 498).

Un soudard agenais, Mathieu Sotoul, au temps de la Fronde, par G. Tholin (1899, p. 538).

Les Tards-Avisés (1707), par l'Abbé Taillefer. C.R. de H. Tamizey de Larroque (1899, p. 554).

C) DE LA REVOLUTION A LA FIN DE LA RESTAURATION (1789-1830) :

Mémoires du Capitaine Jérôme-Etienne Besse, ancien soldat de la Grande Armée. Extrait du Mémorial de l'Agenais, 1834 (1891, p. 503 ; 1892, pp. 40, 134, 255, 308).

Notes sur la justice et les tribunaux à Agen pendant la Révolution (1789-1800), par A. Douarche. C.R. de G. Tholin (1893, p. 90).

Mémoires et pièces diverses pour servir à l'histoire des volontaires du Lot-et-Garonne engagés de l'an II, par G. Tholin (1893, pp. 357, 454 ; 1894, p. 73 ; 1895, p. 253).

Les dernières robes des Consuls d'Agen (Arrêté du Directoire du département de Lot-et-Garonne du 24 mars 1792). Note de G. Tholin (1896, p. 91).

Journal du Lieutenant Woodberry. Traduit de l'anglais par George Hélie. C.R. de Ph. Lauzun (1896, p. 242). Ouvrage très intéressant pour l'Histoire de l'occupation anglaise dans le Sud-Ouest en 1814-1815.

Un Ministre de la Marine et son Ministère sous la Restauration : le Baron Portal, par la Baronne de Gervain (1896, pp. 401, 511 ; 1897, pp. 24, 113, 246, 330, 429 ; 1898, p. 43).

Tablettes révolutionnaires. Fédération de Penne en Agenais. Discours patriotique de M. Pressec, curé de Noaillac (Penne), le 14 juillet 1791. Ovation faite par la Convention Nationale au volontaire agenais Marc Tencogne qui a pris un drapeau à l'ennemi (1897, p. 64).

La fête du 14 juillet à Gontaud en 1790, par Ph. Tamizey de Larroque (1897, p. 343).

Le meurtre de Gripière de Moncroc, par G. Tholin (1899, p. 152).

Les canons de Sainte-Livrade, par G. Tholin (1899, p. 158).

8

MONOGRAPHIES HISTORIQUES

La ville et les seigneurs de Cancon en Agenais (suite), par Lucien Massip (1890, pp. 74, 244, 364, 421, 533 ; 1891, pp. 139, 208, 296, 387).

La ville d'Agen pendant les guerres de religion du XVIe siècle (suite), par G. Tholin (1890, pp. 97, 281, 488 ; 1891, pp. 57, 225 ; 1892, pp. 22, 118 ; 1893, p. 52).

Etude sur l'Instruction publique à Lectoure depuis la fin du XVe siècle jusqu'à nos jours, par M. A. Plieux. C.R. de Ad. Magen (1890, p. 465).

Essai historique sur la baronnie de Pujols en Agenais, par l'Abbé Gerbeau. C.R. de Ad. Magen (1891, p. 338).

Journal agenais des Malebaysse (XVIIe et XVIIIe siècles) (1893, pp. 68, 238, 441, 524 ; 1894, p. 268 ; 1895, pp. 64, 451 ; 1897, pp. 353, 451 ; 1898, pp. 179, 531 ; 1899, pp. 50, 161, 232).

Histoire de la ville et de la baronnie de Sainte-Bazeille en Agenais, par l'Abbé Alis. C.R. de Ad. Magen (1893, p. 272).

Laplume. Une commune gasconne pendant les guerres de religion, par E. d'Antin (1893, pp. 311, 473 ; 1894, pp. 52, 154, 230, 352, 535 ; 1895, pp. 262, 354).

Une province à travers les siècles. Histoire de l'Agenais, par J. Andrieu. C.R. de G. Tholin (1893, p. 552).

Les reliques notables de Saint-Louis, à La Montjoie de Saint-Louis, diocèse d'Agen, par J.-Baptiste Durey de Longa, curé de La Montjoie Saint-Louis. C.R. de G. Tholin (1894, p. 459).

Un Chapitre détaché de la monographie de Layrac, par l'Abbé P. Dubourg (1895, p. 247). Article intéressant pour la culture de la vigne pratiquée par les Bénédictins de Moirax.

La Révolution à Villeneuve-sur-Lot (1789, 18 brumaire). Journal des événements écrit à cent ans de distance, d'après des documents inédits, par Fernand de Mazet. C.R. de G. Tholin (1895, p. 378).

Extrait d'une notice historique sur la ville et l'église du Mas-d'Agenais, par M. Florimond Lagarde. Note de G. Tholin (1896, p. 75).

La Fronde à Villeneuve-d'Agenois, par Fernand de Mazet (1896, pp. 193, 332).

Monographie ou histoire du prieuré et de la ville de Layrac depuis le XIe jusqu'au XIXe siècle, par l'Abbé P. Dubourg. C.R. de G. Tholin (1897, p. 283).

Souvenirs du vieux Clairac, par H. de B. (1897, p. 346 ; 1898, pp. 221, 512).

Etude sur les statuts, actes des Consuls et délibérations de Jurade de la commune et juridiction de Villeneuve-d'Agenois (de juin 1260 à octobre 1785), par Fernand de Mazet (1898, pp. 27, 106, 478, 536 ; 1899, pp. 27, 140, 240, 355, 542).

Histoire de la ville, du château et des seigneurs de Caumont, par l'Abbé R.-L. Alis. C.R. de G. Tholin (1898, p. 188).

Histoire de Notre-Dame d'Ambrus, par l'Abbé J. Dubois. C.R. de G. Tholin (1898, p. 191).

Histoire du château, de la ville et des seigneurs et barons de Montpezat et de l'abbaye de Pérignac, par André de Bellecombe, publiée avec quelques additions par G. Tholin. C.R. de Ph. Lauzun (1899, p. 86). On trouvera dans cet important travail de précieux renseignements sur la Grande Peur en 1789 (p. 91).

Aide-mémoire pour servir à l'Histoire de l'Agenais, par A. de Bellecombe, édité par G. Tholin. C.R. de Ph. Lauzun (1899, p. 476).

HISTOIRE GENEALOGIQUE, NOBILIAIRE, HERALDIQUE. LIVRES DE RAISON

Essai généalogique sur les Montferrand de Guyenne, suivi de pièces justificatives. C.R. de Ad. Magen (1890, p. 93).

Acte par lequel Bertrand d'Audebard, seigneur de Ferrussac, déshérite son fils Pierre, convaincu de mésalliance. Document inédit publié par Ph. Tamizey de Larroque (1890, p. 438).

La rupture d'un mariage sous Louis XIII, par G. Tholin (1890, p. 444). Cet article intéresse les familles de Lusignan et de Sangosse).

Incidents relatifs à l'achat du Duché d'Aiguillon par Mme de Combalet, par G. Tholin (1891, p. 154).

Livre de raison de la famille Dudrot de Capdebosc (1522-1675), publié et annoté par Ph. Tamizey de Larroque. C.R. de Charles de Ribbe (1891, p. 447).

Notes prises sur le registre formant l'état civil de la paroisse d'Anthé (canton de Tournon-d'Agenais), de 1700 à 1790 (1892, p. 346).

Deux livres de raison de l'Agenais, suivis d'extraits d'autres registres domestiques et d'une liste récapitulative des livres de raison publiés ou inédits, par Ph. Tamizey de Larroque. C.R. de G. Tholin

(1893, p. 271). Ces textes intéressent les familles Boisvert, de Marmande (1650-1816), de Lidon, sieur de Savignac (1650-1664), Dame Boucharel (1682-1687), Bertrand Noguères, de Sainte-Bazeille (1649-1682).

Les Denis. Une famille bourgeoise de l'Agenais, du XVIIe au XVIIIe siècle, par Mlle H. de Bellecombe. C.R. de J. Jallifier (1893, p. 545).

Les Madaillan, par J. Andrieu (1894, p. 550). Encore les Madaillan de La Sauvetat et les Ducs d'Epernon. Rectifications et additions à l'intéressante brochure de J. Andrieu, par M. Campagne (1896, p. 366).

Archives Historiques de la Gironde, t. XXIX, 1894. C.R. de G. Tholin (1895, p. 88). On trouvera dans ce C.R. de précieux renseignements sur Clément V et son testament, et les familles de Goth, de Durfort, de Savignac, de Piis, de Boville, etc.

Un livre domestique agenais : le livre de raison de la famille du chevalier d'Escage en Agenais (1746-1792). C.R. de J. Andrieu (1895, p. 190).

Etudes sur les origines et les transformations des hautes classes de la société française, suivies du recensement des familles nobles et des familles patriciennes de France, « Revue du monde latin, politique, historique, littéraire, économique ». C.R. de J. Andrieu (1895, p. 191).

Une famille de soldats. Notice sur la famille de l'Eglise de Lalande, branche d'Albret et d'Agenais (1552-1885), par Maurice Campagne. C.R. de G. Tholin (1895, p. 383).

Les anciennes familles dans la Gironde, par Pierre Meller, t. 1er. C.R. de G. Tholin (1895, p. 555 ; 1896, p. 573 ; 1897, p. 187).

Don fait par Henri IV des revenus d'une abbaye à Charlotte-Catherine de Monluc. Note de G. Tholin intéressante pour la descendance de Blaise de Monluc (1896, p. 90).

Le Château de Cauzac, par Ph. Lauzun (1896, p. 385). Cet article a trait également aux seigneurs de Cauzac et plus particulièrement à la famille des Thoiras, à son grand homme de guerre, Ligueur enragé, que fut Balthazar de Thoiras.

Notes sur la féodalité de l'Agenais au milieu du XIIIe siècle, par G. Tholin (1896, p. 536 ; 1897, pp. 47, 144, 257 ; 1898, p. 170 ; 1899, pp. 62, 173). Le personnel féodal est étudié au paragraphe VI de 1899. Sont mentionnées les familles : de l'Isle, Alaman, Lautrec, Lévis, Lomagne, Talleyrand, Tantalon, Pestillac, d'Albret, Montpezat, Du Fossat, Durfort, Ferréol, Lustrac, Rovignan, Boville, Goth, Caumont, Piis, Marmande, Casanove, Savignac, Prayssas, Saubiac, Fumel, Galard, Lusignan, Filartigue, Sainte-Marse.

Notes sur les familles de Labat de Vivens et de Lartigue, par H. de Bellecombe (1897, p. 59).

Le Château de Perricard, commune de Montayral (Lot-et-Garonne), par G. Tholin et Philippe Lauzun (1897, p. 385). Etude du château et de ses seigneurs : les Raffin, les du Lac de la Pérède, les de Salignac-Fénelon, les La Goutte de la Pujade, les Montalembert, les de la Sylvestrie et de Neymet.

Le Château d'Estillac, par G. Tholin et Philippe Lauzun (1897, p. 481 ; 1898, p. 5). Sont indiquées les diverses familles qui ont tenu le château les d'Autièges, les de Galard, les de Mondenard, les de

Monluc, les de Lauzières-Thémines, les d'Escoubleau de Sourdis, les de Marans, les de Montaudouin, de Brondeau d'Urtières, les de la Roche.

Histoire de la ville, du château et des seigneurs de Caumont, par l'Abbé R.-L. Alis. C.R. de G. Tholin (1898, p. 188).

Les Raffin d'Hauterive, d'après les registres paroissiaux de Pinel, par le Dr L. Couyba (1898, p. 417 ; 1899, p. 274).

Note critique de Joseph Beaune au sujet de ces Raffin (1899, pp. 170, 377).

Essais généalogiques : Le Blanc de Saint-Just, Desclaux, Balguerie, Delpech de Montfort, par P. Meller. Note de G. Tholin (1898, p. 562).

Le Château de Gavaudun, par Ph. Lauzun (1899, pp. 5 et 97). La deuxième partie contient de précieux renseignements sur les familles qui ont tenu le château : les Gavaudun, les Baleinx, les Durfort, les Lustrac, les d'Auray de Brie, les Belsunce, les Fumel-Monségur.

Histoire du Château, de la Ville et des Seigneurs et Barons de Montpezat et de l'Abbaye de Pérignac, par André de Bellecombe. C.R. de Ph. Lauzun (1899, p. 86).

Notice sur les Montpezat de Poussou et leurs alliances, par le Dr Couyba. C.R. de G. Tholin (1899, p. 284).

Généalogie de la famille de Galz, par Pierre Meller (1899, p. 285).

Le Marquisat de Ferrières (Lot) et ses seigneurs, par F. M. (1899, pp. 320, 435).

9

HISTOIRE RELIGIEUSE

A) HAGIOGRAPHIE :

Sainte Livrade, étude historique et critique sur sa vie, son martyre, ses reliques et son culte, par l'Abbé R. Castex. C.R. de Ad. Magen (1890, p. 461).

Une nouvelle histoire de Sainte Jeanne de Valois, par Mgr Hébrard. C.R. de A. P. (1891, p. 71).

Vie de Saint François d'Assise, par Paul Sabatier. C.R. de G. Tholin (1894, p. 89). La famille de Saint François a eu de nombreux représentants en Agenais.

Causeries sur les origines de l'Agenais, par G. Tholin. On trouvera au chapitre II des détails intéressants pour les premiers vocables de nos églises (1896, p. 442).

Liber miraculorum Sanctae Fidis, par l'Abbé A. Bouillet. C.R. de A. Bouyssi (1899, p. 280).

B) HISTOIRE MONASTIQUE ET COMMUNAUTES RELIGIEUSES :

Les couvents de la ville d'Agen avant 1789, par Ph. Lauzun (1890 : Les Annonciades, pp. 23, 121 ; Le Chapelet, p. 220 ; Notre-Dame de Paulin, pp. 302, 405 ; Les Carmélites, p. 511. — 1891 : Les Carmélites, p. 5 ; Le Tiers-Ordre de Saint-François, p. 161 ; La Visitation, pp. 257, 353, 449).

Le Refuge ou Maison du Bon Pasteur à Agen, par Ph. Lauzun (1892, pp. 5, 97).

L'Abbaye d'Eysses en Agenois, par Ant. de Lantenay. Mémoire pour l'Histoire de l'Abbaye lès Villeneuve d'Agenois (1892, pp. 151, 221, 397, 407). Note sur la fondatrice des Carmes déchaussés d'Agen, Jeanne de Gallateau.

Les Hôpitaux de la ville d'Agen avant 1789, par Ph. Lauzun (1892 : L'Hôpital Saint-Antoine, p. 276 ; L'Hôpital Saint-Georges, p. 290 ; Saint-Jacques, p. 291 ; Saint-Michel, p. 298 ; Hôpital des Ladres ou Léproserie, p. 300 ; du Saint-Esprit, p. 301 ; du Martyre, pp. 416, 500. — 1893 : Hôpital Général ou Manufacture de Las, p. 20. — 1893, pp. 30, 115).

Le livre de raison de Bernard Gros, commandeur du Temple-de-Breuil en Agenais, sous Louis XI et Charles VIII, par G. Tholin (1893, p. 230).

Un document inédit relatif à l'Abbaye de Clairac, par Ph. Tamizey de Larroque (1894, p. 364).

Les méfaits de Frère Hugues de Bonnefoy, de la Commanderie de Sauvagnas, par G. Tholin (1899, p. 427).

Acte concernant le prieuré de Monsempron, par H. D. (1899, p. 462).

Les Templiers de Cahors, par L. Esquieu. C.R. de H. Tamizey de Larroque (1899, p. 553).

C) PROBLEMES RELIGIEUX :

Le feu de Saint-Jean, par J. Momméja (1893, p. 201).

Divers ouvrages cités dans la Bibliographie de 1894 et concernant les problèmes religieux : Liberté de l'Eglise Gallicane de l'Abbé Fleury, Traité de l'autorité du Pape, de Levesque Pouilly de Burigny ; Essai de philosophie morale, de Pierre Chiniac, etc. C.R. de G. Clément-Simon (1894, p. 148).

Monsieur Saint-Jacques de Compostelle, par A. Nicolaï. C.R. de G. Tholin (1897, p. 378). Très intéressant pour l'étude des pèlerinages.

Les amulettes et les talismans chez les Arabes, par L. de Bosredon (1899, p. 44).

10

HISTOIRE DE L'ART

A) PROBLEMES GENERAUX :

B) PEINTURE, SCULPTURE, MINIATURE, FERRONNERIE, FONDERIE, CERAMIQUE, etc. :

Les départements du Sud-Ouest aux salons de 1893. Pour le Lot-et-Garonne, nous relevons les noms de MM. Boyé, de Marmande, Calbet, d'Engayrac, Crochepierre, de Villeneuve, Gourdon, d'Astaffort, Mlle Duchynska, de Tonneins (1893, p. 250).

Sur une miniature conservée aur Archives Municipales d'Agen, représentant le Duc de Berry, frère de Louis XI. Note de G. Tholin (1894, p. 87).

Les faïences anciennes du Sud-Ouest, d'après le « Dictionnaire de la Céramique », de M. Edouard Garnier. C.R. bibl. de Jules Momméja (1894, p. 372).

Mosaïques du Moyen-Age et carrelages émaillés de l'Abbaye de Moissac, par J. Momméja. C.R. de J. Andrieu (1895, p. 190).

Les vieux tableaux de l'Hôtel de Ville d'Agen, par G. Tholin (1897, p. 375).

Peinture et sculpture chez les Musulmans, par L. de Bosredon (1898, p. 70).

Les anciennes faïenceries de l'Agenais : Moncaut-Laplume, par G. Sabatier (1898, p. 97).

Les Tiepolo, par Henry de Chennevières. C.R. de G. Tholin (1898, p. 279).

Un sculpteur oublié : Gaëtan Merchi, par Ph. Lauzun (1898, p. 493).

Les verreries anciennes de la collection Gaston Sabatier, par J. Momméja (1899, p. 481).

C) ARCHITECTURE CIVILE ET TOPOGRAPHIE URBAINE :

Les enceintes successives de la ville d'Agen, par Ph. Lauzun (1894, pp. 5, 114, 210).

Plan d'Agen dressé par Caury (1895). C.R. de G. Tholin (1895, p. 287).

Le Château de Nérac, par Ph. Lauzun (1896, p. 7).

Le Château de Perricard (Montayral), par Ph. Lauzun et G. Tholin (1897, p. 385).

Doumenet et les châteaux de la banlieue d'Agen (1464-1897). Bagatelle et les villas de la banlieue d'Agen (1525-1897), par J. Serret. C.R. de G. Tholin (1897, p. 479).

Le Château d'Estillac (XIIIe-XVIe siècles), par G. Tholin et Ph. Lauzun (1897, p. 481 ; 1898, p. 5).

La Maison dite du Sénéchal (XIVe siècle), par G. Tholin (p. 193).

D) ARCHITECTURE MILITAIRE :

La porte fortifiée de Durance, par Ad. Magen (1891, p. 426).

Le Château de Cauzac (canton de Beauville), par Ph. Lauzun (1896, p. 386).

Le Château de Sauveterre-la-Lémance, par G. Tholin (1897, p. 193).

Les Châteaux gascons, par Ph. Lauzun. C.R. de Ph. Tamizey de Larroque (1898, p. 156).

Le Château de Gavaudun, par Ph. Lauzun (1899, pp. 5, 97).

Sur le Château de Montpezat, voir l'ouvrage d'André de Bellecombe : « Histoire du château, de la ville et des seigneurs et barons de Montpezat et de l'abbaye de Pérignac », publiée par G. Tholin. C.R. de Ph. Lauzun (1899, p. 86).

E) ARCHITECTURE RELIGIEUSE :

L'Abbaye de Flaran en Armagnac. Description et histoire avec sept planches, par MM. Benouville et Ph. Lauzun. C.R. de J. de Laurière (1890, p. 555) et de Léonce Couture (1891, p. 344).

Notes sur quelques planches consacrées à des monuments agenais (Eglises de Saint-Sixte, de Saint-Martin de Beauville, de Saint-Côme, de Saint-Côme et Damien de Granges, ancienne Cathédrale Saint-Etienne d'Agen), par G. Tholin (1894, p. 86).

Les peintures murales de l'Eglise de Pervillac, par J. de Guillaynes (1895, p. 220).

Note sur l'Eglise de Saint-Côme, par A. Nicolaï (1896, p. 526).

Quelques détails de l'Eglise de Monsempron, par G. Tholin (1897, p. 289).

Deux vieilles églises de Montpezat : Saint-Médard, Saint-Jean de Montpezat, par G. Tholin (1898, p. 413).

L'Eglise de Laurenque, par Ph. Lauzun. Cf. article sur le château de Gavaudun (1899, p. 25).

11

LITTERATURE, CRITIQUE LITTERAIRE, THEATRE, MUSIQUE

Conférence sur la charité, par Jean Carrère. C.R. de Ad. Magen (1890, p. 188). Cette conférence intéresse aussi le Lycée Bernard-Palissy et son Association d'anciens élèves.

François de Cortète, poète agenais du XVIIe siècle. Excellente analyse critique de ses œuvres, par Ch. Ratier (1890, p. 189).

Poésies de J. Vesprée (pseudonyme d'un jeune poète de Lectoure). C.R. de J.-F. Bladé (1891, p. 342).

Les successeurs de Shakespeare, par A. de Tréverret (1892, pp. 55, 263, 335).

Paysage de montagne. Mon bois de sapin, par G. du Mont (1892, p. 92).

La jeunesse de Marat. Marat romancier. C.R. de Ph. Tamizey de Larroque (1892, p. 273).

Lettres de Prosper Mérimée. Autographes du fonds de Raymond (1894, p. 184).

Excentriques et grotesques littéraires de l'Agenais, par Jules Andrieu (1894, p. 465 ; 1895, p. 5).

Lou Rigo-Rago Agenés, par Ch. Ratier. C.R. de L. Bordes (1895, p. 181).

La Gascogne littéraire. Histoire critique de la littérature en Gascogne depuis le Moyen-Age jusqu'à notre époque inclusivement, par Gaston Bastit. On trouvera dans cet ouvrage un jugement assez désinvolte sur Jasmin. C.R. de J. Andrieu (1895, p. 185).

La légende de Boileau, par Ch. Revillont, « Revue des Langues Romanes ». C.R. de J. Andrieu (1895, p. 192).

A Madame la Vicomtesse de Nates, vers de Jasmin, « La France d'Oc », organe hebdomadaire des revendications régionalistes, dirigé par Louis Ferrer. C.R. de J. Andrieu (1895, p. 192).

Fleurs gasconnes, de Paul Maryllis. Préface de Boyer d'Agen. C.R. de G. Tholin (1895, p. 476).

Contes de Gascogne, par Jean-François Bladé. C.R. de L. Bordes (1895, p. 284).

Molière à Bordeaux, par Dast de Boisville (1895, p. 547).

En tissant et en cousant. Extr. de l'épopée allemande « Les Treize Tilleuls », de Frédéric-Guillaume Weber, par A. Boussy (1896, p. 448).

Lettre de Lamartine à Alphonse Karr. Autographes du fonds de Raymond (1896, p. 484).

Lou loung del Lot, par Fernand de Mazet. C.R. de Ch. Ratier (1897, p. 91).

Marcabrun, par Elie Fourès. C.R. de Ch. Ratier (1897, p. 280). Ce travail est une précieuse contribution à l'étude des troubadours et de la civilisation occitane).

La flahuto gascouno, par J. Noulens ; **Flous de Primo**, par Paul

Froment ; **Histoire du Félibrige**, par G. Jourdanne. C.R. de Ch. Ratier (1897, p. 564).

Le Centenaire de Jasmin (1898, p. 305). On trouvera dans cet important travail un article concernant les rapports de Jasmin avec la Société Académique, la liste des Sociétés Savantes venues pour honorer la mémoire de Jasmin, plusieurs discours et rapports (de MM. Ratier, l'Abbé Durengues, de Bosredon, Perbosc, Tréverret), de nombreux extraits en prose ou en vers des œuvres couronnées. (Principaux lauréats : Blancher - La Feuillade, de Toulouse, Alfred Laurent, de Saint-Romain, Alexandre Westphal, Docteur Marignan, de Marsillargues, Hérault, Paul Bourgue, d'Avignon, Henri Pellisson, Louis Bonneau, de Marseille, Chanoine Lacoste, d'Agen, Simin Palay, P.-H. Bigot, d'Aix, Gustave Thérond, de Sète, Mme Réquier, Estieu, etc.).

Un poète agenais oublié : A. Baratet, subdélégué à Villeneuve-d'Agenois (1722-1736). Document communiqué par G. Tholin (1899, p. 260).

Les harmonies naturelles, par Paul Maryllis. C.R. de G. Tholin (1899, p. 282).

Théophile et Paul de Viau. Etude historique et littéraire par Ch. Garrisson. C.R. de Ph. Lauzun (1899, p. 380).

POESIES FRANÇAISES :

La tortue et la gazelle ; **L'izard**, par P. Noulens (1893, p. 255).

Une visite à Jasmin, par G. Dupin (1894, p. 330).

La Garonne ; **Le Vent**, par Z. (1894, p. 438).

La malice des choses, par Z. (1894, p. 511).

Le rire ; **Echos de sagesse**, par X. (1894, pp. 514, 515).

Eternels problèmes, par Z. (1895, p. 44).

Récits véridiques, par X. (1895, p. 44).

Etapes de la vie ; **Les chefs-d'œuvre de Dieu** ; **Rimailleurs et poètes**, par Z. (1895, p. 177).

Omnes labores, par X. (1895, p. 180).

Poésie de Méry. Autographe du fonds Raymond (1895, p. 288).

Promenade au bois d'automne, par Paul Maryllis (1895, p. 553).

Méditation, par Paul Maryllis (1896, p. 56).

Vieilles poésies (1896, p. 92).

La fin de Carthage, par Lac de Bosredon (1896, p. 181).

Lou nouste Henric, par A. Ferrand (1896, p. 464).

Croquis algériens, rythmes et rimes, par Lac de Bosredon (1897, pp. 158, 274, et 1899, p. 279).

Deux sonnets, par P. Maryllis (1899, p. 378).

Saint-Antoine de Padoue, par Lac de Bosredon (1899, p. 474).

POESIES GASCONNES :

Henry Quaté et lou carbonê dé Capchicot (texte et traduction), par Léopold Dardy (1891, pp. 194, 432, 518 ; 1892, p. 76).

Repaus ; L'Aubejo ; La Gaicho ; La Mentido, par Ch. Ratier (1895, p. 365).

La Rauselo, par Ch. Ratier (1896, p. 284).

CONTES ET USAGES POPULAIRES :

Deux contes populaires de la Gascogne, par J.-F. Bladé (1890, p. 261).

Pieds d'or. Essai de mythologie gasconne. A.M. J.-F. Bladé, par J. Momméja (1891, pp. 415, 480).

12

ETUDES BIOGRAPHIQUES ET NOTICES NECROLOGIQUES

Le dernier Duc d'Aquitaine : Xavier-Marie-Joseph de France, par Francisque Habasque (1890, pp. 5, 162). C.R. de Tamizey de Larroque (p. 557) et de Léonce Couture (1891, p. 246).

Le Conseiller Pierre de Lancre (suite), par A. Communay (1890, pp. 51, 140).

Documents inédits sur l'origine agenaise de Jean Guiton, le Maire de La Rochelle, par Ph. Tamizey de Larroque (1890, p. 70).

Le Docteur Lamouroux, poète. Le Docteur Dufour et Bory de Saint-Vincent, par Ph. Tamizey de Larroque (1890, p. 179).

François de Cortète, poète agenais du XVIIe **siècle,** par Ch. Ratier (1890, p. 189).

Abbé Henri Duclos. Histoire des Ariégeois, par J.-F. Bladé (1890, p. 274).

Un épisode de la vie de Rigault Doreille, Sénéchal d'Agenais, par G. Tholin (1891, p. 154).

Le soldat La Pierre, d'Unet, par Ph. Tamizey de Larroque (ce soldat sauva en 1627 l'armée royale, en portant ses dépêches à la nage). C.R. de Léonce Couture (1891, p. 540).

Labrunie. Sa vie pendant la Révolution, ses travaux et ses manuscrits. Préface à l'Abrégé chronologique, par O. Fallières (1892, pp. 357, 480).

Lettres inédites de Mascaron, publiées par A. Durengues (1892, p. 390).

Eloge de M. de Saint-Gresse, par M. Fabreguettes (1892, p. 453 ; 1893, p. 5).

Paul de Viau, capitaine huguenot et frère du poète Théophile (1621-1629), par Ch. Garrisson. C.R. de Tamizey de Larroque (1892, p. 540).

Ramond de Carbonnières et Boudon de Saint-Amans, par Ph. Tamizey de Larroque. C.R. de Ad. Magen (1893, p. 257).

Un notaire d'autrefois : Maître Baboulène, de Beauville, peint par lui-même dans sa correspondance inédite avec le Comte de Galard de Béarn-Brassac (1792-97). Avant-propos de Ph. Tamizey de Larroque (1893, p. 281).

Une lettre inédite du naturaliste agenais Louis-Athanase Chaubard, par Jules Andrieu (1893, p. 372).

Jules Delpit (1808-1892). Archives Historiques de la Gironde, t. XXVII (1893, p. 471).

Pierre de Chiniac, par G. Clément-Simon (1894, pp. 33, 138).

Une notice toute récente sur le Général Ferrand de la Caussade (1894, p. 450).

Dictionnaire biographique comprenant la liste et la biographie des notabilités dans les Lettres, les Sciences et les Arts, dans la Politique, la Magistrature, l'Enseignement... du département de Lot-et-Garonne, avec photographies des notabilités de ce département, par Henri Jouve. C.R. de J. Andrieu (1894, p. 461). Ce dictionnaire est jugé sévèrement : « Bottin fantaisiste et incomplet ».

Hommages à Peiresc, par J. Andrieu (1895, p. 94).

L'œuvre posthume d'un Agenais : Charles-Antoine-Joachim Poirée (1809-1868), par J. Andrieu (1895, p. 94).

Claude Sarrau en Normandie, par Ph. Tamizey de Larroque (1895, p. 240).

Essai biographique sur Guillaume-Léonard de Bellecombe, par H. de Bellecombe (1895, pp. 289, 385, 492 ; 1896, pp. 115, 230, 381).

Monluc à Estillac, par P. Tierny (1895, p. 308).

Joseph-Juste Scaliger et Genève, par Charles Seitz. C.R. de G. Tholin (1895, p. 382).

Autographes des personnages ayant marqué dans l'Histoire de Bordeaux et de la Guyenne. Société des Arch. de la Gironde, t. XXX. C.R. de G. Tholin (1895, p. 554).

Jasmin et Martial Delpit. Note de Ph. Tamizey de Larroque (1896, p. 69).

François de Grenaille à Agen. Note de Ph. Tamizey de Larroque (1896, p. 72).

Marguerite de Lustrac et Anne de Caumont, par Ph. Tamizey de Larroque (1896, p. 101).

Monluc et Antonio Pecci, par Boyer d'Agen (1896, p. 270).

Le Maréchal d'Estrades, par Ph. Lauzun (1896, p. 289) et **Le Maréchal d'Estrades**, dans une publication anglaise. Note de Tamizey de Larroque (p. 306).

Un Ministre de la Marine et son Ministère sous la Restauration : le Baron Portal, par la Baronne de Gervain (1896, pp. 401, 511 ; 1897, pp. 24, 113, 246, 330, 429 ; 1898, p. 43).

Gustave de Galard, sa vie et son œuvre, par Gustave Labat. C.R. de F. Habasque (1896, p. 467).

Le Magistrat de Romas. Conférence du Docteur Foveau de Courmelles, publiée par G. Tholin (1896, p. 547).

M. Martin de Bonnefond, curé de Marmande depuis la restauration du culte jusques à sa mort, d'après sa correspondance (1802-1809), par l'Abbé Durengues (1896, p. 571). C.R. de G. Tholin.

Le Cardinal d'Armagnac et François de Seguins, par Ph. Tamizey de Larroque. C.R. de Ph. Lauzun (1897, p. 70).

La jeunesse de Léon XIII, par Boyer d'Agen. C.R. de J. Momméja (1897, p. 76).

Vie de M. Hébert, Evêque, Comte d'Agen, par l'Abbé Durengues (1897, pp. 97, 219, 296, 414, 515 ; 1898, pp. 60, 129, 251).

Une nouvelle biographie d'Anne de Caumont. C.R. par Tamizey de Larroque de l'ouvrage du R.P. Chérot : « Une grande chrétienne au XVIIe siècle, Anne de Caumont, Comtesse de Saint-Paul, Duchesse de Fronsac (1574-1642), fondatrice des Filles de Saint-Thomas à Paris » (1897, p. 160).

Munkacsy Mihaly. Souvenirs. L'enfance. Préface par Boyer d'Agen. C.R. de G. Tholin (1897, p. 188).

Eloge de Romas, par le Docteur Bergonié. C.R. de G. Tholin (1897, p. 189).

Notice biographique sur Ed. Cazenove de Pradine, par Ph. Tamizey de Larroque (1897, p. 212).

Lettres inédites de Marguerite de Valois à Pomponne de Bellièvre, par Ph. Tamizey de Larroque. C.R. parfois caustique de Ph. Lauzun (1897, p. 276).

Le Général Delmas de Grammont (1796-1862), auteur de la loi pour la protection des animaux, par Eugène de Budé. C.R. de Ph. Tamizey de Larroque (1897, p. 371).

Lettres et billets inédits de Mgr de Belsunce, Evêque de Marseille, publiés par Ph. Tamizey de Larroque. C.R. de Ph. Lauzun (1897, p. 473).

Marguerite d'Angoulême à Cauterets, de Félix Frank. C.R. de Tamizey de Larroque (1897, p. 558).

Un cadet de Gascogne à la cour de Louis XIV : Lauzun, par H. Chérot, S.J. (1898, p. 75).

De quelques documents inédits sur Joseph Teulère, par Tamizey de Larroque (1898, p. 152).

Le chroniqueur Proché. Documents inédits publiés par Ph. Tamizey de Larroque (1898, p. 198). Appendice de P. Courteault.

Un sculpteur oublié : Gaëtan Merchi, par Ph. Lauzun (1898, p. 493).

Sur Marguerite de Lustrac et Anne de Caumont, sa fille, cf. « Le Château de Gavaudun », de Ph. Lauzun (1899, p. 110).

Sur Marguerite de Valois, cf. « Itinéraire raisonné de Marguerite de Valois en Gascogne (1578-1586) », de Ph. Lauzun (1899, p. 212).

Jules Mascaron, Evêque d'Agen, par P. Hébrard (1899, p. 498).

NOTICES NECROLOGIQUES

Jules de Bourrousse de Laffore, par Ad. Magen (1890, p. 449). — Théodore de Sevin, par J. de Lahondès (1891, p. 250). — Joseph Roumanille, par Ad. Magen (1891, p. 347). — Jean Michel, par Ad. Magen (1891, p. 350). — M. Henri Delmas de Grammont, par H. Jacqueton (1892, p. 537). — Adolphe Magen, par Ph. Tamizey de Larroque (1893, p. 377). — Anasthase Capot, par J. Andrieu (1894, p. 191). — Emile Gaussens, par J. Andrieu (1894, p. 192). — Albert Lebègue, par J. Andrieu (1894, p. 192). — Le Docteur Pucheran, par J. Andrieu (1895, p. 96). — Jules Andrieu, par G. Tholin (1895, p. 97). — Frédéric Fournet, par M. Micé. C.R. de Tamizey de Larroque (1896, p. 565). — Léon Drouyn, par G. Tholin (1896, p. 575). — André de Bellecombe, par G. Tholin (1897, p. 545). — Le Baron de Ruble, par G. Tholin (1898, p. 96). — Philippe Tamizey de Larroque, par L. Delisle, G. Tholin, J. Serret (1898, p. 282). Bibliographie des hommages rendus à la mémoire de Ph. Tamizey de Larroque, par le Comte de Dienne (1899, pp. 293, 385). — Dombrowski, par G. Tholin (1898, p. 491). — Le Docteur Alexandre Laboulbène, par Ph. Lauzun (1898, p. 563). — L'Abbé Alis, par G. Tholin (1898, p. 566). — Fernand de Mazet, par G. Tholin (1899, p. 286). — Allmer, par G. Tholin (1899, p. 555). — Dast Le Vacher de Boisville, par G. Tholin (1899, p. 556).

13

DISCOURS - MANIFESTATIONS

Fêtes agenaises des Félibres et Cigaliers de Paris (1890, p. 335).

Fêtes villeneuvoises en l'honneur de Bernard Palissy et d'Arnaud Daubasse. Discours de MM. Mazet, Carles, Georges Leygues, Bourgeois, Claris, Elie Fourès, Ratier (1891, p. 308).

Inauguration du buste de M. Adolphe Magen (1895, p. 480).

Inauguration du buste de Peiresc, à Aix, C.R. de G. Tholin (1895, p. 550).

Monument de Léo Drouyn à Bordeaux, par G. Tholin (1898, p. 96).

L'exposition des Beaux-Arts à Montauban en 1897, par J. Momméja (1898, pp. 270, 446).

Le Centenaire de Jasmin (1898, p. 305).

MUSÉE D'AGEN - BIBLIOTHEQUE MUNICIPALE

Souscription pour l'érection au Musée d'Agen d'un buste à Adolphe Magen (1894, pp. 283, 376, 461, 553, liste).

Les tableaux du Château d'Aiguillon et le Musée d'Agen (« L'Art », Revue bi-mensuelle illustrée, article de J. Momméja). C.R. bibl. de G. Tholin (1894, p 454).

Le Musée d'Agen en 1895. Etablissement de la nouvelle salle Félix-Aunac. Don de tableaux, d'eaux fortes et d'objets divers (1896, p. 89).

DISTINCTIONS ET PRIX

1896, pp. 88-89 :

Nomination de membres résidants : MM. Lac de Bosredon, l'Abbé Rumeau, Girard, l'Abbé Martinon.

Légion d'honneur : M. Bladé, correspondant de l'Institut, promu chevalier.

Palmes académiques : M. Ratier.

Jeux Floraux : Premier prix attribué à M. Ratier pour « Lou Rigo-Rago Agenès ».

Académie Nationale de Bordeaux : Médaille d'argent à l'Abbé Durengues pour son « Pouillé historique du diocèse d'Agen ».

14

BIBLIOGRAPHIE

Indications bibliographiques (1892, p. 450). Ces indications ont trait à diverses Revues : Historique, de Gascogne, de la Société de Borda, de la Société Ramond, des publications périodiques françaises et étrangères, du Périgord.

Recueil des lois sur la chasse en Europe et dans les principaux pays d'Amérique, d'Afrique et d'Asie, par Ern. Demay. C.R. de G. Tholin (1894, p. 453).

Les Annales de la Faculté des Lettres de Bordeaux deviennent la Revue des Universités du Midi : Aix, Bordeaux, Montpellier, Toulouse (1895, p. 191).

La Correspondance historique et archéologique, jeune Revue présentée comme un organe d'informations mutuelles entre archéologues et historiens (1895, p. 191).

15

TABLE DES PLANCHES, CARTES ET FIGURES

comtesse de Toulouse (p. 25). — Les faïences de Moncaut-Laplume (Planche I, p. 105 ; Planche II, p. 107 ; Planche III, p. 109 ; Planche IV, p. 111). — La Maison du Sénéchal (p. 193). — La Muse gasconne à Jasmin, d'après le bas-relief de D. Puech (1898, p. 305). — Eglise de Saint-Médard (p. 413). — Le chœur de l'église Saint-Jean de Montpezat (p. 415). — Chapiteaux (pp. 415, 416). — Buste de la Guimard, par Merchi (p. 493). — Le foyer de la danse de l'Opéra vers 1840 (p. 493). — Bustes d'Antonin et de Blanche Lauzun, par Merchi (p. 510). — Pile de la Tourrasse près d'Aiguillon (p. 558). — Pile de Peyrelongue près de Buzet (p. 559).

Année 1899

Le Château de Gavaudun (pp. 1, 26, 97). — Sceau d'Agen (pp. 193, 194, 195, 197, 206, 207). — Sceau de Penne (p. 199). — Sceau de Villeneuve (p. 208). — Armoiries de Castillonnès (p. 208). Armoiries de Duras (p. 209). — Armoiries de Lauzun (p. 209). — Armoiries de Luzignan (p. 209). — Bas-relief en marbre trouvé à Agen en 1899 (p. 289). — Philippe Tamizey de Larroque (p. 385). — Spécimens de verreries agenaises (pp. 481, 485, 493, 496).

Maurice LUXEMBOURG.

www.ingramcontent.com/pod-product-compliance
Lightning Source LLC
LaVergne TN
LVHW082354160826
845678LV00008B/1845
* 9 7 8 2 3 2 9 7 6 2 3 1 9 *